PEQUEÑOS
PODEROSOS
COSAS DIMINUTAS, GRANDES RESULTADOS

Jennifer Kroll

Consultores

Timothy Rasinski, Ph.D.
Kent State University

Lori Oczkus
Consultora de alfabetización

Basado en textos extraídos de
TIME For Kids. *TIME For Kids* y el logotipo
de *TIME For Kids* son marcas registradas
de TIME Inc. Utilizados bajo licencia.

Créditos de publicación

Dona Herweck Rice, *Jefa de redacción*
Conni Medina, *Directora editorial*
Lee Aucoin, *Directora creativa*
Jamey Acosta, *Editora principal*
Heidi Fiedler, *Editora*
Lexa Hoang, *Diseñadora*
Stephanie Reid, *Editora de fotografía*
Sandy Phan, *Autora colaboradora*
Rachelle Cracchiolo, *M.S.Ed.*,
    Editora comercial

Créditos de imágenes: pág. 39 Alamy; pág.
20 Limbikani S.K. Makani ; págs. 25 (arriba),
26, 27 (zooplancton), 27 (arriba), 29 (abajo),
36–37, 51 (arriba), 54–55 Getty Images;
pág. 6 (derecha) The Granger Collection;
pág. 6 (derecha) Lexa Hoang; pág. 50
imagebroker/Anton Luhr/Newscom; pág.
52 ZUMAPRESS.com/Newscom; págs. 24–25
NASA; págs. 48, 54 (ilustraciones) Kevin
Panter; págs. 34–35 (ilustraciones) Matthew
Tiongco; págs. 8–9, 20–21, 44–45, 49
(ilustraciones) Timothy J. Bradley; págs. 13
(izquierda), 22–23, 23, 27 (fitoplancton), 31,
32–33, 36, 50–51; pág. 56 Photo Researchers
Inc.; pág. 7 (arriba) Jan Verkolje [dominio
público], vía Wikimedia Commons; todas las
demás imágenes de Shutterstock.

Teacher Created Materials

5301 Oceanus Drive
Huntington Beach, CA 92649-1030
http://www.tcmpub.com
ISBN 978-1-4333-7181-3
© 2013 Teacher Created Materials, Inc.
Printed in China WAI002

Tabla de contenido

Pequeños, pero poderosos

A menudo nos dicen que pensemos a lo grande. Sin embargo, algunas de las criaturas y los objetos más poderosos del mundo son diminutos. Hacen falta unas pinzas para colocar los microchips de las computadoras. Necesitamos un microscopio para ver el plancton del océano. Aun así, estas y otras exiguas fuentes de energía hacen que ocurran cosas extraordinarias. Pueden ser los mejores ayudantes de los humanos o sus peores enemigos.

No podemos ver una forma de vida sencilla como el paramecio sin la ayuda de un microscopio.

PARA PENSAR

- ¿Cuál es el papel natural de los seres vivos pequeños en la Tierra?

- ¿De qué maneras pueden causar daños importantes las criaturas diminutas?

- ¿Cómo mejoran nuestra vida las máquinas y la tecnología diminutas?

El microprocesador (*CPU*) de una computadora puede ser más pequeño que una moneda de diez centavos.

El tamaño medio de un microchip es el de un grano de arroz.

Las cosas pequeñas pueden tener consecuencias buenas y malas. Los insectos y las bacterias pueden propagar enfermedades mortales. Los científicos trabajan con átomos y tecnología minúscula para crear armas potentes. No obstante, los seres vivos diminutos constituyen una parte importante del ciclo de la vida. Pueden ayudar a las plantas, los animales y a los humanos a no enfermar.

Una mirada de cerca

Las personas han querido ver más de cerca las cosas minúsculas durante muchos años. En torno a 1590, unos fabricantes de lentes holandeses crearon el primer microscopio óptico. Colocaron dos lentes de vidrio en un tubo. Los objetos se veían más grandes al mirar por este. Desde entonces, cada vez hemos estudiado cosas más pequeñas.

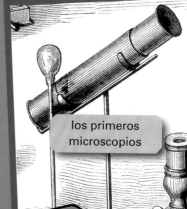

los primeros microscopios

Algunos de los primeros microscopios se hacían con vidrio, madera, cartón y escamas de pescado.

ANIMÁLCULOS SORPRENDENTES

Anton van Leeuwenhoek era comerciante de tejidos. En la década de 1660, utilizaba lentes de vidrio para ver mejor las fibras de las telas. Pronto usó su microscopio para estudiar otras cosas minúsculas, como las **células** sanguíneas y los insectos.

Van Leeuwenhoek fue la primera persona que vio bacterias en el agua estancada. Las llamó *animálculos*.

NOS PREOCUPAMOS POR LO PEQUEÑO

Las marcas más pequeñas en la mayoría de las reglas son los milímetros (mm). Son muy útiles para medir cosas diminutas, como una pulga o el microchip que implanta el veterinario bajo la piel de nuestras mascotas. Pero ¿qué ocurre con lo que es tan pequeño que el ojo humano no puede percibirlo? Los científicos usan una unidad de medida llamada *micrómetro* (µm) para medir los seres minúsculos, como el plancton y las bacterias. Un micrómetro es la milésima parte de un milímetro. Podemos ver estos objetos con un microscopio óptico. Un nanómetro (nm) es todavía más pequeño. Es la millonésima parte de un milímetro. Se necesita un microscopio **electrónico** para ver estos objetos.

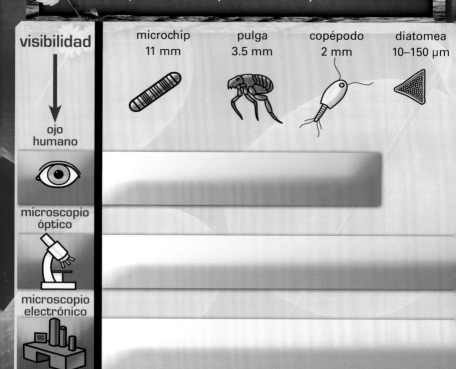

| visibilidad | microchip 11 mm | pulga 3.5 mm | copépodo 2 mm | diatomea 10–150 µm |

ojo humano

microscopio óptico

microscopio electrónico

¡ALTO! PIENSA...

- ¿Cuáles de estos objetos has visto?

- ¿Qué es más grande: un nanorrobot o una célula humana?

- ¿Podemos usar un microscopio óptico para ver una célula vegetal de 80 µm de tamaño?

célula humana	bacteria	nanorrobot	virus	átomo
30 µm	1 µm	0.1 µm	30–100 nm	0.3 nm

LOS MEJORES AUMENTOS

Para ver los objetos más de cerca, los científicos usan una herramienta muy potente: el microscopio electrónico de barrido. Es mucho más eficaz que los microscopios ópticos. Con él podemos ver las cosas un millón de veces más grandes de lo que son y en tres dimensiones.

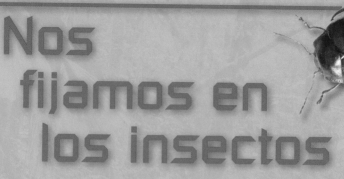

Nos fijamos en los insectos

Quizá veamos unas cuantas hormigas en la acera o espantemos una mosca molesta. La mayoría de las personas apenas se dan cuenta de los insectos que hay a su alrededor. Sin embargo, hay más de lo que creemos. Están en todas partes. En un bosque, los científicos hallaron ¡casi 10,000 insectos en un pie cuadrado de suelo! Estas abundantes sabandijas también son poderosas. A pesar de su tamaño, influyen en el planeta y en la vida de los humanos en gran medida.

¿TE INCOMODAN LOS INSECTOS?

En la Tierra viven unos 10 trillones de insectos en la actualidad. ¡Un trillón tiene 18 ceros! Se trata de 200 millones de insectos por cada persona viva.

SUPERADOS EN NÚMERO

Se conocen en torno a un millón de **especies** de insectos. Se trata del 80 por ciento de todas las especies animales. Los expertos creen que puede haber hasta 10 millones de especies de insectos vivas. No obstante, todavía no las han descubierto todas.

Las infames pulgas

Las pulgas pueden ser una verdadera **molestia**. Son parásitas de los animales y hasta de las viviendas. Sus pequeñas picaduras pueden hacer que un perro y su dueño se rasquen como locos. De hecho, estos chupasangres saltarines pueden ser más que una molestia. Pueden transmitir enfermedades mortales. En el siglo XIV, una gran **peste**, llamada la peste negra, arrasó Europa y Asia. Las ratas que tenían pulgas transmitieron la enfermedad. Esta causó la muerte a unos 25 millones de personas.

UNA MÁSCARA ATERRADORA

Estas máscaras con pico se llevaban en la época de la peste negra. Se creía que colocar hierbas y flores secas en el pico evitaba que los médicos se contagiasen. Hasta mucho después no se comprendió realmente cómo se transmitía la enfermedad.

GRANDES SALTADORES

Una pulga solo mide 3.5 mm, pero puede saltar en vertical hasta alcanzar un pie de altura. Si tuviéramos la misma capacidad, podríamos saltar por encima de los árboles e incluso de los rascacielos. Las pulgas saltan tan alto para poder subirse a su siguiente hospedador.

pulgas moviéndose en el pelo de un animal

una pulga del gato aumentada unas 50 veces

El problema de los mosquitos

¡Swat! Como las pulgas, los mosquitos pueden ser más que una molestia. Se sabe que transmiten unas 80 enfermedades diferentes. En algunas partes del mundo, propagan la malaria. Esta enfermedad la causa un **parásito** que pasa de los mosquitos a los humanos. Una persona con malaria puede tener fiebre, escalofríos o dolor de cabeza. Quizá parezca que tiene la gripe. Sin embargo, puede ser muy grave. Los parásitos atacan a las células sanguíneas y evitan que la sangre llegue a los órganos principales. Esta enfermedad mata a un millón de personas cada año.

Colgar una mosquitera sobre la cama puede protegernos de los mosquitos y de contraer la malaria mientras dormimos.

EL ALIENTO NOS TRAICIONA

¡Los mosquitos pueden olernos! Nos delata nuestro aliento. Los humanos y los animales exhalamos dióxido de carbono. Los mosquitos detectan este gas hasta a 100 pies de distancia. También encuentran a sus víctimas por el calor, el movimiento y los olores del cuerpo.

SOBRE LA ALIMENTACIÓN

A diferencia del conde Drácula, los mosquitos no consideran tu sangre un aperitivo. Las hembras chupan sangre porque necesitan las proteínas que contiene para sus huevos. Tanto estas como los machos se alimentan en realidad del azúcar de las plantas.

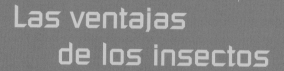

Las ventajas de los insectos

Merece la pena evitar a las pulgas y los mosquitos, pero otros insectos no son tan malos. Realizan funciones importantes para la naturaleza. Escarban en el suelo y crean canales que permiten que el agua llegue a las raíces de las plantas. Ayudan a descomponer y "reciclar" las plantas y los animales muertos. También **polinizan** las plantas. Muchos sirven de alimento a animales de mayor tamaño.

LAS PREFERIDAS POR LOS AGRICULTORES

¡A los agricultores y los jardineros les encantan las mariquitas! Sus larvas se zampan a los pulgones, unas sabandijas que matan a las plantas. Asimismo, a los agricultores les gustan las mantis religiosas. También se alimentan de las plagas del jardín.

mantis religiosa

SABANDIJAS COSTURERAS

Uno de los tejidos más caros del mundo lo fabrican unos insectos. La crisálida de la oruga del gusano de seda está hecha de un solo filamento que mide 3,000 pies. Los científicos han añadido genes de la seda de las arañas a las mariposas de esta especie. Los individuos resultantes fabrican un tipo de seda muy resistente.

crisálida de un gusano de seda

Abejas trabajadoras

Las abejas no solo fabrican miel. Deberíamos estarles agradecidos cuando comamos una deliciosa manzana o una crujiente zanahoria. Realizan una labor fundamental para los agricultores. Polinizan las mayoría de los cultivos del mundo. Los agricultores que no tienen abejas propias deben alquilárselas a los apicultores. Tanto el brécol y las frutas del bosque como los cacahuetes y las peras, muchos alimentos no llegarían a nuestra mesa si no fuera por ellas.

¿TE LO PUEDES CREER?

Se necesitan unas 50,000 colmenas de abejas cada año para polinizar el cultivo de arándanos de Maine. Unas 30,000 colmenas polinizan los manzanos de Nueva York cada año. En cada colonia viven más de 20,000 abejas.

ABEJAS A LA FUGA

El trastorno del colapso de colonias hace que las abejas se marchen para siempre de las colmenas. Se mueren y nadie sabe por qué. Algunos creen que puede deberse a los **plaguicidas**, las moscas o las enfermedades. Otros piensan que la **radiación** de los teléfonos celulares podría desorientarlas y por eso no saben regresar.

¡MÁS EN PROFUNDIDAD!

LA NATURALEZA ES SABIA

Puede que los insectos sean diminutos, pero se encuentran entre los mejores **ingenieros** del planeta. Construyen y crean estructuras geniales.

La naturaleza ha dado a los insectos unos cuerpos asombrosos que funcionan bien y ahorran tiempo y energía. Para resolver los problemas difíciles, los científicos recurren a la **biomímesis**. Estudian la naturaleza y los insectos en busca de diseños mejores que no dañen la Tierra.

Torres de termitas

El diseño del edificio del Eastgate Centre, en Zimbabue, se basa en los nidos de termitas. Estos animales abren y cierran túneles continuamente para calentar o enfriar el montículo.

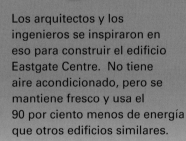

Los arquitectos y los ingenieros se inspiraron en eso para construir el edificio Eastgate Centre. No tiene aire acondicionado, pero se mantiene fresco y usa el 90 por ciento menos de energía que otros edificios similares.

Buscadores de fuego

Los escarabajos joya tienen pequeños sensores de **infrarrojos** bajo las alas que perciben el calor de los incendios forestales. Estos animales buscan fuego y ponen los huevos en los árboles quemados, para que su descendencia no tenga que competir con otros seres vivos. Los ingenieros esperan que los escarabajos joya les inspiren para fabricar aparatos que detecten antes los incendios en los bosques.

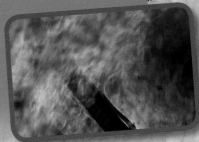

Agujas indoloras

Cuando un mosquito pica a su víctima, primero pincha la piel con dos piezas bucales serradas. Luego, una pieza larga y afilada se desliza entre las otras dos para succionar la sangre. Inspirados por el mosquito unos ingenieros en Japón han inventado una aguja casi indolora. Las piezas serradas de esta rozan menos nervios y causan menos dolor.

Técnica antichoques

Las langostas tienen un sensor detrás de los ojos que detecta los movimientos. Cuando van a chocarse con algo, este sensor emite una descarga de energía. Entonces, estos animales se mueven rápidamente para evitar el choque. Los ingenieros han diseñado un sistema inspirado en las langostas. Avisa a los conductores cuando van a chocar.

El poder del plancton

Los insectos, como las abejas y las pulgas, son bastante pequeños. No obstante, son grandes en comparación con los seres que nadan en un poco de agua de mar. Al microscopio, vemos que una gota de agua contiene una cantidad de vida sorprendente. Los seres **microscópicos** que viven en el agua se denominan plancton.

Existen miles de especies de fitoplancton. Se trata del tipo de plancton más parecido a las plantas. Estos seres vivos diminutos se encuentran cerca de la superficie del océano. También se hallan en los estanques de agua dulce. Usan la luz del sol para fabricar su propio alimento, como las plantas. No obstante, a diferencia de estas, el fitoplancton no tiene raíces. Algunas especies incluso pueden moverse por sí mismas.

El fitoplancton es muy importante para los humanos. Los científicos calculan que produce aproximadamente la mitad del oxígeno de la Tierra. ¡Así es que deberíamos dar las gracias al fitoplancton cada vez que inspiramos!

Una cucharadita de agua de mar contiene unos mil millones de organismos de fitoplancton.

VIVIR EN UNA VITRINA

La diatomea es un tipo corriente de fitoplancton. Está cubierta por una especie de vitrina. Esta tiene dos piezas, una de las cuales encaja en la otra, como la tapa de un recipiente. Cuando mueren las diatomeas, estas "vitrinas" se acumulan en el fondo del océano. Con el tiempo, forman una capa rocosa llamada *tierra de diatomeas*.

LÁTIGOS GIRATORIOS

Los dinoflagelados son todavía más pequeños que las diatomeas. Tienen dos "colas" parecidas a un látigo que mueven para desplazarse. Usan la luz solar para fabricar alimento, pero algunos también comen otros organismos vivos.

23

En flor

Cuando las condiciones del océano son propicias, el fitoplancton forma enormes colonias o *florecimientos*. Estos pueden cambiar el color del océano a verde intenso, blanco lechoso, rojo, naranja o marrón. ¡A veces, los florecimientos de fitoplancton pueden verse desde el espacio!

Unos 75 tipos de fitoplancton son venenosos. Un florecimiento de estos puede tener consecuencias terribles. Se denomina *marea roja* (se llama así aunque el agua no se vuelva de este color). El veneno en el agua puede matar a los animales marinos, como los peces, y también a las personas que se alimentan de ellos.

LLENA EL DEPÓSITO

Hace mucho tiempo, el fitoplancton murió y se hundió hasta el fondo del océano. Con el tiempo, los restos se convirtieron en el petróleo que usamos hoy para propulsar los automóviles y calentar los hogares. Quizá algún día el automóvil de tu familia funcione solo con fitoplancton, en lugar de gasolina.

¡BRILLAN CUANDO REMAS!

Hay tipos de fitoplancton que generan su propia luz, lo que se denomina **bioluminiscencia.** El movimiento producido al nadar o meter un remo en el agua hace que los dinoflagelados brillen con un **escalofriante** tono de azul.

Como un zoológico

El zooplancton lo constituyen los animales acuáticos diminutos. Algunos son suficientemente grandes como para que los veamos (con cierta dificultad) a simple vista. Un cíclope, por ejemplo, tiene el mismo tamaño que el punto al final de esta frase. Gran parte del zooplancton (como los cíclopes) está formado por crustáceos. Son parientes minúsculos de los cangrejos y las langostas.

El zooplancton, como los cíclopes, se alimenta de fitoplancton. A su vez, sirve de alimento a los peces pequeños. Los peces grandes se alimentan de estos y así sucesivamente. De esta forma, hasta los animales más grandes del océano, como las ballenas y los tiburones, dependen del plancton para sobrevivir. Las especies de plancton constituyen la base de la cadena alimentaria del océano. Sin estas criaturas diminutas, pocas criaturas podrían existir en él.

El intestino de este ser es verde porque su última comida consistió en algas.

ARRIBA, ABAJO, AL CENTRO Y... ¡ADENTRO!

¿Alguna vez te has comido un cíclope? Es probable que te hayas tragado un animal de este tipo en algún momento. Hay seres parecidos que viven en los embalses de agua potable. Puedes tragártelos sin darte cuenta, pero no es peligroso.

El cíclope tiene un solo ojo y recibe su nombre de un monstruo de la mitología griega con esta misma característica.

fitoplancton

tiburones

zooplancton

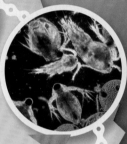

La cadena de alimentos

Los habitantes del océano dependen del plancton.

mamíferos
marinos
como los
delfines

peces pequeños

peces grandes

Hay un mundo en nuestro interior

Los pequeños poderosos están en todas partes, hasta dentro de los humanos. Un día cualquiera, en nuestro cuerpo viven billones de bacterias. Una persona que no se sienta bien quizá también albergue a unos cuantos virus en su interior. Estos inquilinos se enfrentan a las sorprendentes y poderosas unidades que controlan el cuerpo humano: las células.

Hay unos 120 tipos de células en el cuerpo. Cada uno tiene su propia misión. Por ejemplo, las células de las glándulas lagrimales fabrican lágrimas. Las neuronas sensitivas envían señales de calor, frío o dolor. Y las glándulas salivales participan en la producción de saliva.

Cada célula contiene **ADN**. Este da instrucciones a las células sobre cómo actuar y cómo y cuándo **reproducirse**. Cuando esto ocurre, el ADN fabrica una copia de sí mismo para la nueva célula.

UN GRUPO DE CÉLULAS

Todas las cosas vivas se componen de células. Algunas formas de vida diminutas, como las diatomeas o las bacterias, están formadas por una sola. Los seres vivos de mayor tamaño, como las pulgas, las plantas de interior o tú mismo, se componen de muchas, que trabajan conjuntamente.

ES HORA DE DIVIDIRSE

Para crear más, las células se dividen en dos. Justo antes de hacerlo, parten el ADN por la mitad y producen dos filamentos a partir del original.

células epiteliales humanas

MÁS JÓVENES QUE TÚ

La mayoría de las células de tu cuerpo son más jóvenes que tú. Las células viven durante períodos de tiempo distintos, según su misión. Las células epiteliales solo viven durante una semana hasta que son sustituidas por otras. Los glóbulos rojos que circulan por la sangre viven unos cuatro meses.

Llenos de bacterias

El cuerpo humano se compone de billones de células. Aun así, en él hay 10 bacterias por cada célula. Las bacterias constituyen entre dos y cinco libras del peso total del cuerpo.

Pero ¿quiénes son estos inquilinos? Las bacterias son una de las formas de vida más abundantes del planeta. Estas criaturas unicelulares también son de las más pequeñas. No son todas iguales. ¡Más bien al contrario! De hecho, existen billones de tipos distintos, caracterizados por su forma. Las bacterias pueden vivir casi en cualquier parte, pero prefieren los lugares templados y húmedos. ¡Por eso han fijado su **residencia** dentro de las personas!

PASIÓN POR LO EXTREMO

Las bacterias viven en lugares bastante extraños. Lo hacen en los manantiales calientes, bajo el hielo de la Antártida y junto a las salidas de aire caliente en el fondo del océano. Es incluso probable que algunas vivan en Marte.

NO TE PREOCUPES.
HAREMOS MÁS.

Las bacterias se reproducen igual que las células del cuerpo. Se dividen por la mitad y esto da lugar a dos en lugar de una. Cuando las condiciones son propicias, pueden dividirse cada 15 o 20 minutos. Eso quiere decir que una bacteria puede convertirse en mil millones en unas 10 horas.

El teclado del ordenador tiene de media 100 veces más bacterias que el asiento del retrete.

Noticias buenas y malas

Las bacterias pueden ser malas. ¡No se trata simplemente de que hagan que nuestras zapatillas apesten! Las que viven en la boca pueden causar caries. Algunos tipos pueden provocar enfermedades graves o incluso la muerte. La faringitis la causa una bacteria de tipo estreptococo. La salmonela y la listeria son otras clases dañinas. Dan lugar a las intoxicaciones alimentarias.

No obstante, la mayoría de las bacterias que viven en el cuerpo son inofensivas. Algunas incluso son beneficiosas. Las bacterias del intestino nos ayudan a digerir los alimentos. Fabrican sustancias que el cuerpo usa, como la vitamina K. Las bacterias beneficiosas nos ayudan a no enfermar. Expulsan a las bacterias malas que entran en el cuerpo.

DERROTAR A LAS BACTERIAS

Los antibióticos son medicamentos que matan a las bacterias. Han salvado muchas vidas desde que se descubrieron en 1929. No obstante, no saben distinguir entre las bacterias buenas y las malas. Matan a ambos tipos. Esa es una de las razones por las que solo deben tomarse cuando sea estrictamente necesario.

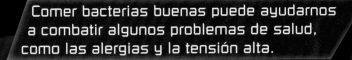

Comer bacterias buenas puede ayudarnos a combatir algunos problemas de salud, como las alergias y la tensión alta.

APERITIVOS BACTERIANOS

¿Te gustan el yogur, el queso o el chocolate? Las bacterias desempeñan un papel importante en la producción de estas delicias.

33

LAS BACTERIAS MÁS BUSCADAS

Estas terribles bacterias son responsables de muchas muertes y de enfermedades graves en todo el mundo. ¡Una vez que entran en el cuerpo, se multiplican rápidamente! Unos grandes grupos se hacen con el control y propagan el caos. ¡Ten cuidado! Se las busca vivas o muertas (preferiblemente lo segundo).

SE BUSCA

YERSINIA PESTIS

Cuando la propagaron las pulgas, esta bacteria causó la peste negra, que mató a 25 millones de personas en el siglo XIV.

SE BUSCA

VIBRIO CHOLERAE

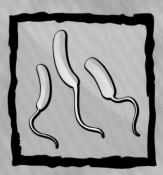

Esta bacteria hace que las personas que consumen alimentos o agua potable contaminados contraigan el cólera.

Hoy en día existen vacunas que ayudan a proteger nuestro cuerpo frente a estas enfermedades.

SE BUSCA

MYCOBACTERIUM TUBERCULOSIS

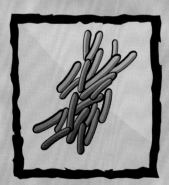

Esta bacteria provoca una enfermedad mortal de los pulmones llamada *tuberculosis* o *TB*.

SE BUSCA

CLOSTRIDIUM TETANI

Esta bacteria es responsable del mortífero tétanos cuando entra en el cuerpo a través de un corte o una herida.

Virus zombis

Los virus son muy diferentes de las bacterias y de los demás seres vivos. De hecho, los científicos no están seguros de si los virus están vivos o no. Este ser no produce energía y no se mueve por sí mismo. Pero, cuando toca la célula correcta, se acopla a ella. El virus inserta un filamento de ADN en su víctima. Esto obliga a la célula a dejar de realizar sus funciones habituales y a comenzar a hacer copias del virus. Una vez que inyecta su ADN, la misión de este ha concluido. La célula atacada muere al estallar para liberar los nuevos virus.

los pacientes afectados por la gripe española en un hospital de emergencia en Kansas

VIRUS DESPIADADOS

Los virus han provocado algunas de las peores pestes de la historia de la humanidad. En 1918 y 1919, la gripe española mató a 25 millones de personas en solo 6 meses.

EL AUTOBÚS Y LA PELOTA DE FÚTBOL

Las bacterias son minúsculas, pero son grandes en comparación con los virus. Imagina que una bacteria tiene el tamaño de un autobús escolar. Un virus sería más o menos como una pelota de fútbol sobre uno de los asientos de este. Los virus atacan tanto a las bacterias como a las células animales y vegetales.

¡ACHÍS!

Los virus causan casi todos los resfriados y las gripes que padecemos. Los antibióticos solo matan a las bacterias. Por eso, no nos ayudan a curarnos cuando estamos resfriados.

El sorprendente átomo

¿Qué ocurriría si fragmentáramos un objeto en piezas cada vez más pequeñas? ¿Cómo serían los fragmentos de menor tamaño? Las personas nos lo hemos preguntado durante miles de años. Hoy en día, los científicos conocen los átomos, las diminutas piezas que constituyen todas las cosas.

Son tan pequeños que es difícil verlos hasta con un microscopio electrónico. Si pudiéramos acercarlos, nos daríamos cuenta de que cada uno tiene un centro opaco. Esto se llama **núcleo**. El núcleo contiene minúsculos **protones** y **neutrones**. Los electrones del átomo orbitan alrededor del centro. Un átomo tiene el mismo número de electrones y de protones.

UN VASO DE ÁTOMOS

Los líquidos (como el agua) y los gases (como el aire) se componen de átomos, igual que las sustancias sólidas.

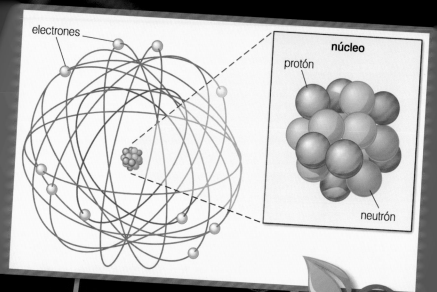

electrones

núcleo

protón

neutrón

ELEMENTAL

Los científicos han descubierto
118 tipos de átomos diferentes. Se
denominan *elementos*. Quizá hayas
oído hablar del oxígeno, el helio, el oro
y el aluminio. Cada elemento tiene un
número distinto de protones. Un átomo
de oxígeno tiene ocho protones (y
ocho electrones). Un átomo de
oro tiene 79 protones (y
79 electrones).

Fragmentar el átomo

A principios del siglo xx, los científicos encontraron la manera de fragmentar el átomo. Descubrieron que un átomo fragmentado libera energía y arroja **partículas** que chocan con otros átomos. Eso hace que estos también se fragmenten. Cada vez se libera más energía. Esto se denomina *reacción nuclear*. Los científicos que descubrieron cómo fragmentar los átomos no pretendían causar ningún daño. Sin embargo, su descubrimiento se usó para fabricar las letales armas nucleares.

NUESTRO ATÓMICO SOL

La luz y el calor solares son la consecuencia de una reacción nuclear. El Sol produce energía al unir átomos, no al fragmentarlos. Ese tipo de reacción nuclear se llama *fusión nuclear*. Los científicos todavía no han descubierto la forma de realizar la fusión nuclear en la Tierra.

el Memorial de la
Paz de Hiroshima

HIROSHIMA Y NAGASAKI

Las armas nucleares solo se han
usado en la guerra una vez. Estados
Unidos atacaron Japón con dos bombas
atómicas al final de la Segunda
Guerra Mundial. Estas cayeron en
las ciudades de Hiroshima y
Nagasaki. Murieron unas
200,000 personas.

Energía y veneno

Hoy en día, las centrales de energía nuclear producen energía al fragmentar átomos de **uranio**. Quizá las luces y la televisión de tu casa funcionen con energía proveniente de una central nuclear. Esta energía es tanto útil como peligrosa. Cuando hay una avería, la radiación se escapa de las centrales. Hasta cuando todo funciona bien, estas producen residuos peligrosos. Nadie ha descubierto una forma segura de deshacerse de estos residuos tóxicos.

COLAPSO ENERGÉTICO

Las centrales nucleares producen el 19% de la electricidad que se usa en Estados Unidos. En Francia, el 80 por ciento de toda la electricidad proviene de estas centrales. Otros países, como Dinamarca y Grecia, no utilizan ninguna. Temen que sean poco seguras.

INVIERNO NUCLEAR

Algunos científicos creen que una guerra nuclear destruiría la mayor parte de la vida de la Tierra. Predicen que la explosión de los misiles nucleares daría lugar a enormes bolas de fuego. Estas originarían incendios arrasadores. Unas gruesas nubes de humo y polvo nos impedirían recibir la luz solar durante semanas. La radiación y el frío extremo exterminarían a muchos animales y plantas. Pronto, muchas personas morirían a causa del hambre y las enfermedades.

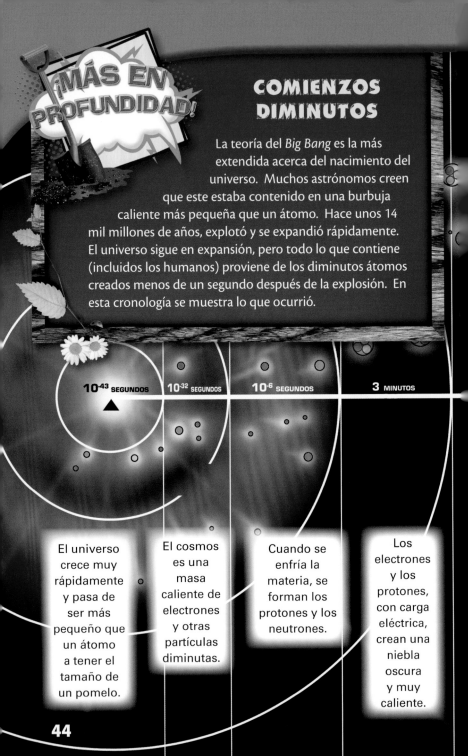

¡MÁS EN PROFUNDIDAD!

COMIENZOS DIMINUTOS

La teoría del *Big Bang* es la más extendida acerca del nacimiento del universo. Muchos astrónomos creen que este estaba contenido en una burbuja caliente más pequeña que un átomo. Hace unos 14 mil millones de años, explotó y se expandió rápidamente. El universo sigue en expansión, pero todo lo que contiene (incluidos los humanos) proviene de los diminutos átomos creados menos de un segundo después de la explosión. En esta cronología se muestra lo que ocurrió.

10^{-43} SEGUNDOS 10^{-32} SEGUNDOS 10^{-6} SEGUNDOS   **3** MINUTOS

El universo crece muy rápidamente y pasa de ser más pequeño que un átomo a tener el tamaño de un pomelo.

El cosmos es una masa caliente de electrones y otras partículas diminutas.

Cuando se enfría la materia, se forman los protones y los neutrones.

Los electrones y los protones, con carga eléctrica, crean una niebla oscura y muy caliente.

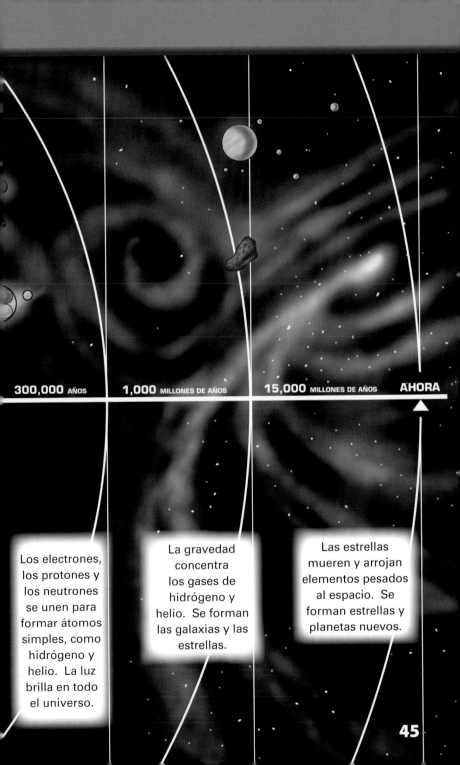

300,000 AÑOS   **1,000** MILLONES DE AÑOS   **15,000** MILLONES DE AÑOS   **AHORA**

Los electrones, los protones y los neutrones se unen para formar átomos simples, como hidrógeno y helio. La luz brilla en todo el universo.

La gravedad concentra los gases de hidrógeno y helio. Se forman las galaxias y las estrellas.

Las estrellas mueren y arrojan elementos pesados al espacio. Se forman estrellas y planetas nuevos.

Tecnología minúscula

La naturaleza es experta en fabricar cosas pequeñas y poderosas. Hoy en día, los humanos nos hemos vuelto más inteligentes. Los científicos tratan de resolver grandes problemas con la ayuda de tecnología minúscula.

Secretos y espías

Los espías siempre han usado aparatos pequeños para lograr grandes cosas. En el siglo XIX usaron las primeras cámaras pequeñas. En aquella época, la mayoría de las cámaras eran cajas enormes colocadas sobre **trípodes**. No obstante, algunos espías llevaban unas que medían tres pulgadas. Actualmente, pueden esconderse cámaras aún más pequeñas en un reloj o el botón de un abrigo. Los micrófonos ocultos y pinchar el teléfono son otras herramientas diminutas para espías. Les permiten escuchar lo que dicen otras personas.

MICROESPÍAS

Una de las mejores (y más pequeñas) herramientas de espionaje es el microchip. Este objeto tecnológico diminuto puede almacenar y transportar mucha información.

ESPÍAS HISTÓRICOS

Prácticamente todos los gobiernos de la historia han usado espías. George Washington lo hizo. También lo hicieron los antiguos egipcios.

¡ESPIADOS!

Actualmente, hay personas que usan la computadora para realizar llamadas, en vez del teléfono. Los espías también pueden escucharlas, gracias a programas informáticos específicos.

¡MÁS EN PROFUNDIDAD!

INSECTOS ROBOT

Quizá los insectos se usen para espiar en el futuro. La Agencia de Proyectos de Investigación Avanzada sobre Defensa (*DARPA*, por sus siglas en inglés) ha creado insectos **cíborg**. Se colocan electrodos en el cerebro y los músculos de las alas de un escarabajo que permiten a los científicos controlar sus movimientos. La *DARPA* espera poder encomendar misiones secretas a las nubes de insectos cíborg. Estos pueden llevar cámaras y micrófonos para espiar a los enemigos o ayudar en las labores de búsqueda y rescate.

Una computadora envía señales de radio que indican al escarabajo que eche a volar, gire a la derecha o a la izquierda, planee o se pose.

La policía y el ejército podrían usar estos insectos robot para explorar los edificios o en las esquinas y mantenerse a salvo.

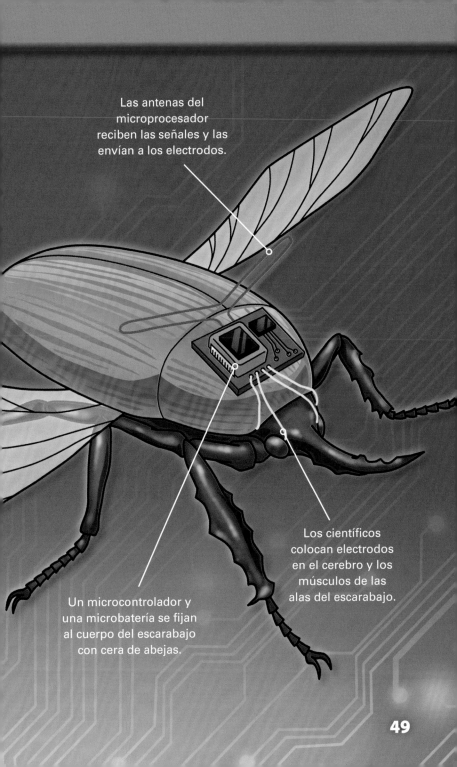

Las antenas del microprocesador reciben las señales y las envían a los electrodos.

Los científicos colocan electrodos en el cerebro y los músculos de las alas del escarabajo.

Un microcontrolador y una microbatería se fijan al cuerpo del escarabajo con cera de abejas.

Medicina increíble

¿Hasta qué punto puede reducirse el tamaño de una cámara? Los espías no son los únicos que buscan la respuesta a esta pregunta. En la actualidad, los médicos también usan cámaras sorprendentemente pequeñas. Se colocan dentro de una píldora y se tragan. La cámara muestra el interior del **esófago** de una persona. Busca indicios tempranos de cáncer.

Quizá los médicos envíen pronto máquinas aún más pequeñas dentro del cuerpo. Los nanorrobots, desarrollados por los científicos de la Universidad de Dartmouth, son tan pequeños que solo se ven al microscopio. Son tan delgados como un pelo y más pequeños que la mitad de un punto al final de una frase. Puede que estos minúsculos robots se usen algún día para detectar el cáncer y reparar células.

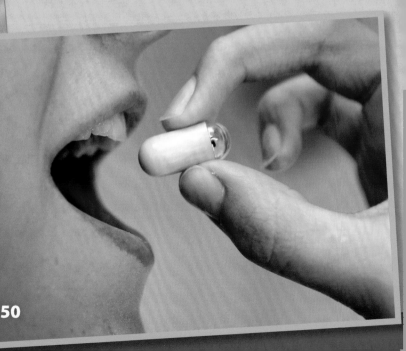

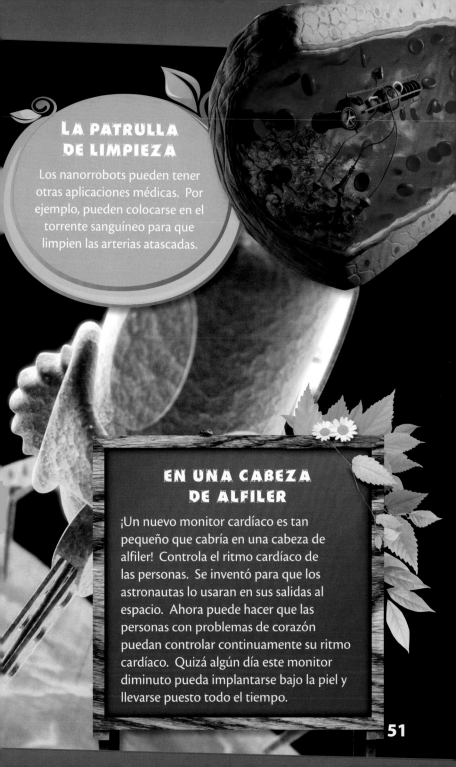

LA PATRULLA DE LIMPIEZA

Los nanorrobots pueden tener otras aplicaciones médicas. Por ejemplo, pueden colocarse en el torrente sanguíneo para que limpien las arterias atascadas.

EN UNA CABEZA DE ALFILER

¡Un nuevo monitor cardíaco es tan pequeño que cabría en una cabeza de alfiler! Controla el ritmo cardíaco de las personas. Se inventó para que los astronautas lo usaran en sus salidas al espacio. Ahora puede hacer que las personas con problemas de corazón puedan controlar continuamente su ritmo cardíaco. Quizá algún día este monitor diminuto pueda implantarse bajo la piel y llevarse puesto todo el tiempo.

Microchips

Los microchips siempre han sido pequeños. Estos aparatos diminutos hacen que las computadoras funcionen. También se usan en los reproductores de DVD, los relojes de pulsera, los televisores, los teléfonos, algunas tarjetas de felicitación sofisticadas y hasta en los perros y los gatos. En los últimos años, muchas personas han decidido colocarlos en sus mascotas. El veterinario inyecta un chip recubierto de vidrio del tamaño de un grano de arroz bajo la piel del animal. El microchip contiene un número de identificación y puede descodificarse si la mascota se pierde. Esto se hace con un lector, que realiza su función a través de la piel del animal.

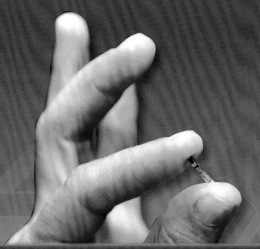

En 2011, IBM desarrolló unos microchips inspirados en el cerebro humano. Imitan el funcionamiento de este al recablearse en respuesta a la recepción de información nueva.

¿NIÑOS CON MICROCHIPS?

Algunas personas creen que los niños deberían llevar un microchip, como las mascotas. Defienden que este ayudaría a los niños perdidos a reunirse con sus padres. Otras personas piensan que la técnica del microchip no es adecuada o que puede afectar a su salud. ¿Qué opinas? Estos son los resultados de una encuesta. Se preguntó a los padres si querrían que se les colocase un microchip a sus hijos.

24%

76%

= sí

= no

Nanotecnología

Las máquinas que son demasiado pequeñas como para que las veamos se crean con nanotecnología. Estos aparatos diminutos no se construyen tornillo a tornillo o tabla a tabla. Se ensamblan átomo a átomo. La nanotecnología no solo se usa para construir máquinas minúsculas. También puede emplearse para crear cualquier cosa a pequeña escala. Los científicos usan herramientas de unos pocos nanómetros para que las piezas de los automóviles sean más ligeras y resistentes. Los nanomateriales también se usan en **cosmética**, deporte y productos médicos.

nanobigotes

¿MIAU?

Podríamos llevar puesto otro tipo de nanotecnología en la actualidad. Los nanobigotes son fibras microscópicas que se añaden a la superficie de la ropa, las maletas y las alfombras. Son tan pequeñas que la suciedad no puede traspasar esta barrera. Los nanobigotes nos mantienen limpios. ¡Felicidad felina!

UNA NANOESCALERA A LAS ESTRELLAS

Los nanotubos de carbono solo miden unos nanómetros de ancho pero son muy resistentes. Los científicos quieren usarlos para construir un ascensor espacial. Las personas y el equipo podrían subir y bajar en él. Ya no serían necesarios los caros vuelos en cohete.

Sueña a lo grande

Gracias a los diminutos microchips que protegen a las mascotas y las minúsculas células que hacen funcionar el cuerpo humano, es fácil darse cuenta de que el tamaño no lo es todo. ¡Las cosas pequeñas consiguen grandes logros! Los seres vivos microscópicos y los átomos, aún de menor tamaño, tienen consecuencias importantes para las personas. Comparten el mundo con los humanos. No obstante, existen en un mundo que no se aprecia a simple vista. Prácticamente acabamos de empezar a descubrirlo. ¿Quién sabe qué otros pequeños poderosos todavía no hemos descubierto o inventado? Debemos seguir pensando a pequeña escala. ¡Quizá algún día esto dé lugar a algo enorme!

diatomeas

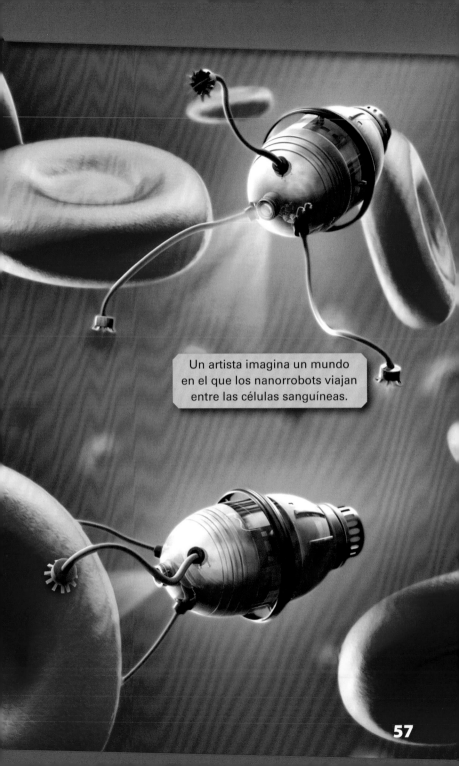

Un artista imagina un mundo en el que los nanorrobots viajan entre las células sanguíneas.

Glosario

ADN: sustancia que constituye todos los seres vivos; contiene información genética que indica a las células cómo actuar

bioluminiscencia: producción de luz por parte de seres vivos

biomímesis: aprender de las plantas y los animales para resolver problemas

células: unidades diminutas que constituyen las piezas básicas de que se componen los seres vivos

cíborg: parte del cuerpo que contiene aparatos mecánicos o eléctricos que ayudan a realizar ciertas tareas

cosmética: sustancias preparadas, como cremas o tónicos, para servir como productos de belleza

electrones: partículas elementales con carga eléctrica negativa que viajan alrededor del núcleo de un átomo

escalofriante: aterrador o inquietante porque es extraño o sombrío

esófago: tubo musculoso que va de la boca al estómago

especies: grupos de animales concretos con características comunes

infrarrojos: producción o utilización de rayos de luz que no pueden verse y son más largos que los que producen luz roja

ingenieros: personas que usan las matemáticas y las ciencias para construir cosas

microscópicos: solo visibles con la ayuda del microscopio

molestia: algo que incomoda o da lugar a problemas

neutrones: partes sin carga de los átomos

núcleo: parte central de un átomo, formada por protones y neutrones

parásito: ser que vive sobre la piel o dentro de otro

partículas: partes muy pequeñas de materia, como una molécula, un átomo o un electrón

peste: enfermedad que se extiende por un territorio amplio y mata a muchos

plaguicidas: sustancias usadas para destruir las plagas

polinizan: diseminan el polen para fecundar las plantas y que estas den fruto y semillas

protones: partículas subatómicas presentes en el núcleo de cada átomo que tienen carga positiva de la misma magnitud que la negativa de los electrones

radiación: proceso por el que se emiten ondas o partículas de energía

reproducirse: producir nuevos individuos de la misma clase

residencia: hogar; lugar donde vive algo

trípodes: soportes con tres patas

uranio: elemento metálico plateado, pesado y radiactivo

Índice

Bibliografía

Bourne, Marlene Avis. *MEMS and Nanotechnology for Kids.* **Bourne Research, LLC, 2007.**

Aprende más sobre nanotecnología de un experto en la materia. Te sorprenderás al descubrir que esta tecnología se usa a nuestro alrededor todos los días.

Brezina, Corona. *Careers in Nanotechnology.* **ReadHowYouWant, 2012.**

Da los primeros pasos para convertirte en profesional del campo de la tecnología de avanzada. Este libro recoge muchos consejos para prepararse para trabajar en el ámbito de la nanotecnología, la informática, la ingeniería y la biología.

Harmer, Andrea. *Nanotechnology for Grades 1–6 and Up: Introducing Nan and Bucky Dog.* **AuthorHouse, 2005.**

Nan y el perro Bucky te ayudarán a entender a grandes rasgos qué es la nanotecnología. Te explicarán cómo y por qué los científicos, los ingenieros y los investigadores en medicina siempre quieren más tecnologías innovadoras de este tipo.

Latta, Sara L. *The Good, the Bad, the Slimy: The Secret Life of Microbes.* **Enslow Publishers, 2006.**

Los microbios están en todas partes. Pero no te preocupes. No todos son malos. Descubre la historia y la importancia de estos seres diminutos.

Más para explorar

Nanooze

http://www.nanooze.org/main/Nanooze/English.html

Visita Nanooze para descubrir los artículos más novedosos sobre nanotecnología. En este sitio encontrarás muchos buenos inventos e ideas, como el transporte de átomos y las orejas y los ojos biónicos.

Nanowerk

http://www.nanowerk.com

Coloca el ratón en *Introduction to Nanotechnology*. Luego haz clic en *Nanotechnology Images*. Echa un vistazo a estas sorprendentes fotografías de elementos diminutos que se tomaron con microscopios muy potentes. Las imágenes varían de bonitas y llamativas a espeluznantes y asquerosas.

Science News for Kids

http://www.sciencenewsforkids.org/2010/10/crawling-nano-sized-robots/

¿Unos robots fabricados a partir de ADN? Parece algo propio de una película de ciencia ficción. Este artículo explora la ciencia de los nanorrobots y cómo podrían usarse en las tecnologías del futuro.

Real Scientists

http://pbskids.org/dragonflytv/scientists/scientist65.html

¡La nanotecnología está en todas partes! En este vídeo, la científica Christy, con su grupo de alumnos de posgrado, experimenta con estas partículas para comprobar lo segura o dañina que es esta tecnología para el cuerpo humano.

Acerca
de la autora

De pequeña, Jennifer Kroll adoraba ver al microscopio cosas sorprendentes, como cristales de azúcar, hojas de plantas y agua estancada. Se graduó por la Universidad de Notre Dame, el *Boston College* y la Universidad de Auburn. Ha sido redactora jefe de la revista *Weekly Reader's Read* y ha escrito 10 libros infantiles. Jennifer vive en Connecticut con su familia.